Josef Kohler

Strafrechtsaufgaben zum Gebrauche bei dem akademischen

Strafrechtspraktikum

Josef Kohler

Strafrechtsaufgaben zum Gebrauche bei dem akademischen Strafrechtspraktikum

ISBN/EAN: 9783744642798

Hergestellt in Europa, USA, Kanada, Australien, Japan

Cover: Foto ©Suzi / pixelio.de

Weitere Bücher finden Sie auf **www.hansebooks.com**

Strafrechtsaufgaben

zum

Gebrauche bei dem akademischen Strafrechtspraktikum.

Von

Dr. J. Kohler,

ord. Professor an der Universität Berlin.

2. Abtheilung.

Berlin 1899.
Verlag von H. W. Müller.

Vorwort.

Der 1. Abtheilung meiner Strafrechtsaufgaben, die im Jahre 1889 erschien, lasse ich nunmehr eine 2. Abtheilung folgen.

Möge sie zur Belebung des Strafrechtsstudiums, zur Schärfung der Begriffe und zur tieferen Erfassung der kriminalistischen Probleme beitragen!

Berlin, 1899.

Kohler.

1. a) A. macht mit B. eine Afrikareise. Bei der Besteigung des Kilimandscharo kommen sie in Streit und A. töbtet den B.

b) A. töbtet nicht den B., sondern einen Schwarzen, weil er im Dienste lässig ist.

c) Eine deutsche Nordpolexpedition legt auf neu entdecktem Gebiet eine Station zum Ueberwintern an und bedient sich zur Beleuchtung eines im Heimathlande geschützten elektrischen Verfahrens.

---

2. a) Im deutschen Schutzgebiete von Ostafrika wird eine elektrische Bahn gebaut. Bei ihrem Betrieb gebraucht man ein in Deutschland patentirtes Accumulatorensystem. Der Patentinhaber stellt Strafantrag wegen Patentverletzung.

b) Wie, wenn eine deutsche Gesellschaft in der Türkei eine elektrische Bahn unter denselben Umständen betreibt?

---

3. a) Der Minister des Staates A. entsendet einen Spion nach Deutschland, der mehrere Festungspläne copirt und dem Minister zusendet, sich aber der deutschen Verfolgung zu entziehen weiß. Mehrere Jahre darauf weilt jener ehemalige Minister als Privatmann in Dresden.

b) Der gleiche Fall, wie a); der Minister hatte aber in Deutschland besondere Agenturen gegründet, von wo ihm regelmäßige Mittheilungen dieser Art zukamen.

---

4. a) A. hat eine Zollbefraudation begangen und Zoll=
stoffe eingeschmuggelt. Bevor er bestraft wird, wird der Zoll
auf diese Stoffe aufgehoben.

b) A. hat eine Autorverletzung begangen. Bevor er bestraft wird, erlischt das Autorrecht an dem betreffenden Werk.

c) A. hat eine Autorverletzung begangen. Bevor er
bestraft wird, werden Schriftstücke der betreffenden Art als
gemeinfrei erklärt.

d) A. hat am 15. September 1890 eine Handlung gegen
das Socialistengesetz begangen; am 1. Oktober 1890 tritt
das Gesetz außer Kraft; am 15. Oktober 1890 erhebt sich
die Frage, ob er wegen jener That bestraft werden kann.

---

5. a) A. befindet sich in der Gewalt von Räubern; er
hat zwei Mittel der Befreiung: entweder nimmt er einem
Vorübergehenden die Baarschaft und zahlt sie als Lösegeld,
oder er spielt mit einem Besucher des Banditenortes, betrügt
ihn im Spiel und verschafft sich das Geld auf diese Weise.
Wie, wenn er den ersten, wie, wenn er den zweiten Weg wählt?

b) In der Lebensgefahr kann sich Jemand erretten, indem
er entweder sein Kind verwundet oder einen Dritten tödtet.
Er thut das letztere.

---

6. a) A. hängt sich wegen des damit verbundenen körper=
lichen Reizes und verabredet sich mit B., daß dieser ihn nach
einigen Sekunden abschneiden solle. B. aber läßt ihn hängen
und A. stirbt.

b) Wie, wenn ein Polizeibeamter Jemanden an einem
Baume, noch lebend, hängen sähe, aber, weil ihm die Sache
zuviel Umständlichkeiten und Schreiberei macht, achtlos an
ihm vorbeiginge, sodaß derselbe stürbe?

---

7. a) A. baut eine Bergbahn; auf Vorhalt, daß beim
Bau und beim Betrieb Leute verunglücken könnten, erklärt
er, es komme ihm darauf nicht an.

b) A. hält eine Rede, worin er über die Gegenpartei, welche das Gewissen des Volks vergifte, schlimme Dinge sagt. Ein Freund, welcher das Konzept liest, macht ihn darauf aufmerksam, daß die Rede auf die Herren X. und Y. gedeutet werden könne. Er erklärt:

α) dies beabsichtige er; oder

β) dies sei nicht sein eigentlicher Wille, allein, wenn X. und Y. einen Denkzettel bekämen, so schade es nichts; oder

γ) er wolle das nicht, aber Niemand sei gegen Mißdeutungen gefeit.

c) A. hat lange einen Hirsch verfolgt. Im Dämmer hört er ein Rascheln im Dickicht und legt an. Auf Bemerkung seines Jagdgenossen, daß es auch ein Mensch sein könne, ruft er: Nun meinetwegen. In der That wird ein Mensch getroffen und tödtlich verwundet.

d) Der Kaufmann A., der eine große Anzahl von Briefen zu unterzeichnen hat, erklärt seinem Commis, er unterzeichne heute Alles, selbst sein eigenes Todesurtheil. Einer der Briefe enthält schwere Beleidigungen gegen seinen Konkurrenten.

———

8. a) In einem zoologischen Garten ist eine Grube mit einem Eisbären. Eine Wahnsinnige stürzt sich in die Grube hinein und ist bereits in größter Lebensgefahr. Man ruft dem Wächter zu, er solle schnell den Eisbären erschießen und die Frau retten. Er weigert sich, da er nicht berechtigt sei, die Verwaltung des Gartens in so hohem Maße zu schädigen. Die Frau wird von dem Eisbären getödtet.

b) Der stille Gesellschafter weiß, daß das Geschäft, dem er beigetreten ist, schlimme Wege geht und sich insbesondere durch Verletzung von Patenten und illoyale Maßregeln zu bereichern sucht. Er erklärt aber, daß ihn dies nicht berühre und es ihm lediglich zukomme, die Gewinnantheile in Empfang zu nehmen. Wie beim Kommanditisten einer Kommandit-, beim Aktionär einer Aktiengesellschaft, bei dem von der Geschäftsführung ausgeschlossenen socius einer offenen Gesellschaft?

—

9. a) A. schreibt einen beleibigenden Artikel gegen B. Nachdem der Artikel schon im Druck gesetzt ist, holt er ihn aus der Druckerei wieder ab und corrigirt ihn so, daß er jeden beleibigenden Charakter verliert.

b) A. gibt ein beleibigendes Telegramm an B. auf; es gelingt ihm aber, es zurückzuhalten, sodaß es nicht befördert wird.

10. a) A. ist eingestiegen, um zu stehlen; ehe er den Gegenstand ergreift, faßt ihn Reue: er kämpft mit sich und will sich schon zurückziehen, als der Eigenthümer erscheint, vor dem er schleunig die Flucht ergreift.

b) A. hat dem B. Gift in den Kuchen gemischt, bereut es und schickt sofort einen Eilboten, um zu verhüten, daß der Kuchen gegessen wird. Der Eilbote wird nicht gleich zugelassen, da kurz vor seiner Ankunft das noch nicht genossene Gift entdeckt wurde und daher die ganze Familie in Alarm ist.

11. a) A. hat dem B. einen vergifteten Becher gereicht; bevor B. trinkt, fällt A. ein und warnt, weil der Becher vergiftet sei. B. trinkt ihn dennoch, weil er an einen bösen Scherz glaubt, und stirbt.

b) Derselbe Fall. B. trinkt, weil er des Lebens überdrüssig ist und dieser Fall ihn von Neuem so sehr verletzt hat, daß der Selbstmordwille in ihm zur That wird.

12. a) A. hat bei dem Pfandleiher seine silberne Uhr versetzt; er sieht hier mehrere goldene Uhren und faßt den Plan, bei nächster Gelegenheit eine goldene zu stehlen. Er greift in der Dunkelheit zu: da zeigt es sich hintennach, daß er seine eigene Uhr wiedergenommen hat.

b) Der umgekehrte Fall: Er will seine Uhr wiedernehmen und es zeigt sich, daß er die benachbarte goldene Uhr ergriffen hat.

13. a) Die Kinder des A. machen sich ein Vergnügen daraus, Hühner und Enten des B. zu tödten; A. schreitet nicht dagegen ein.

b) Sie nehmen Nester von Singvögeln aus; A. schreitet nicht dagegen ein.

c) Sie begehen kleine Diebstähle; A. schreitet nicht dagegen ein.

d) Sie betteln die Fremden an; A. schreitet nicht dagegen ein.

14. a) A. leiht durch Vermittelung des Maklers B. einem X. 1000 Mark zu 20 "/₀; es stellt sich heraus, daß A. weder Leichtsinn noch Nothlage des X. gekannt hat, wohl aber der Makler; dieser aber hat seinerseits geglaubt, daß auch dem A. diese Momente bekannt seien.

b) Der Vermittler amerikanischer Loose spiegelt dem Bankhaus A. unter Vorlegung falscher Urkunden vor, daß der Vertrieb dieser Loose im Inlande concessionirt sei. Das Bankhaus A. vertreibt sie.

c) A. weiß, daß wegen Gefahr der Rinderpesteinschleppung ein Einfuhrverbot besteht; er veranlaßt, da er nicht selbst das Verbot übertreten will, den B., das Vieh einzuführen. Es wird constatirt, daß B. vom Verbot nichts wußte.

d) A. schießt in ein Gebüsch, wo er einen Rehbock vermuthet. B., der weiß, daß hier ein Mensch verborgen ist, lädt ihm das Gewehr. Der Mensch wird getroffen.

15. a) A. leidet an Verfolgungswahn; der Wahn richtet sich seit einiger Zeit gegen X. B., welcher den Tod des X. will, schreibt dem A. einen Brief, er soll nicht zaudern und sich des X., seines grimmigsten Feindes, entledigen. Bevor A. zur That gelangt, bringt man ihn in eine Irrenanstalt.

b) Derselbe Fall. Jedoch der Brief des B. ist falsch adressirt und kommt infolgedessen an eine unrichtige Person.

16. a) A. fordert den X auf, eine landesverrätherische Handlung zu begehen, und verspricht ihm 1000 Mark; X. nimmt Aufforderung und Versprechen an. Später stellt sich heraus, daß A. wahnsinnig war und ohne vernünftigen Einblick in die Sachlage gehandelt hat.

b) A. fordert den X. in gleicher Weise auf und X. nimmt die Aufforderung an; es stellt sich später heraus, das A. nur als agent provocateur gehandelt hat.

---

17. a) Anarchisten illuminiren am Jahrestage der Ermordung des Präsidenten Carnot.

b) Eine Zeitung rechtfertigt in schwungvoller Weise den Fürstenmord.

---

18. a) Die Zeitung A. enthält im Inseratentheil eine Reihe etwas räthselhafter Auslassungen, welche sich dem Kundigen als Mittheilungen über militärische Geheimnisse enthüllen.

Man macht den Redakteur verantwortlich. Dieser erklärt,
α) daß er den betreffenden Theil der Zeitung gar nicht gelesen habe,
β) daß, wenn er ihn auch gelesen hätte, er den wahren Sinn der Stelle nicht verstanden hätte.

Man macht ferner den Inhaber der Druckerei, den Setzer, den Maschinisten, den Austräger verantwortlich.

b) Wie, wenn der Redakteur den Artikel von einem Militär mit der Andeutung besonderer Wichtigkeit erhalten, aber absichtlich nicht gelesen hätte, um sich mit Nichtwissen entschuldigen zu können?

---

19. a) Zwei fremde Officiere reisen in Deutschland. Der eine hat Gelegenheit, einen deutschen Festungsplan zu erwerben; er sendet ihn mit Wissen des andern an das fremde Kriegsministerium. Die Sache wird bekannt. Der eine soll wegen Landesverrath, der andere wegen Beihülfe, und da sich nachträglich herausstellt, daß er bei der Absendung des Packets ganz unbetheiligt war, wegen Nichtanzeige verfolgt werden.

b) A weiß, daß B. und C. in der Nacht seine Scheune anzünden wollen. Um sie zu entlarven, umstellt er das Gebäude und ertappt die Thäter, nachdem sie bereits einen Balken in Gluth gesetzt haben. Die Staatsanwaltschaft will den A. wegen Nichtanzeige mit verfolgen.

---

20. a) A. hört zu, wie Zwei mit einander complottiren, in der Nacht die Schienen aufzureißen, damit der Schnellzug entgleise. Die That wird auch wirklich ins Werk gesetzt und es entsteht ein schweres Eisenbahnunglück. A. wird verantwortlich gemacht, weil er die Anzeigepflicht nicht erfüllt habe. Bei der Verhandlung gegen beide Thäter stellt sich heraus, daß sie längst geisteskrank und darum unzurechnungsfähig waren.

b) Der Deutsche A. ist in Frankreich Zeuge einer landesverrätherischen Verabredung gegen Deutschland, die in der Art in Scene gesetzt werden soll, daß geheime Schriftstücke aus einem deutschen Ministerialbureau veruntreut und nach Frankreich geschafft werden sollen. Die That kommt zur Durchführung. A. wird wegen Nichtanzeige verantwortlich gemacht.

---

21. a) A. erklärt dem Beichtvater, er habe gehört, daß in den nächsten 8 Tagen ein Mordanschlag gegen den Fabrikanten X. zur Ausführung gebracht werden soll. Der Beichtvater ermahnt den A., den Anschlag durch rechtzeitige Anzeige zu hindern, was A. strikt verweigert. Der Beichtvater glaubt, zur Anzeige nicht verpflichtet und durch das Beichtgeheimniß gebunden zu sein.

b) Die Frau des A. erfährt von ihrem Manne, daß er abreise, um einen hochverrätherischen Plan ins Leben zu setzen. Ist die Frau zur Anzeige verpflichtet?

---

22. a) A. wird von einem niederfallenden Balken verletzt. Die Verletzung ist auf eine Schuld seines Bruders, für den gebaut wird, auf ein Verschulden des Bauleiters und auf ein Verschulden eines Arbeiters zurückzuführen.

A. stellt den Strafantrag, nimmt ihn aber wieder vor der Hauptverhandlung zurück.

b) Derselbe Fall; jedoch liegt ein Verschulden des Bruders nicht vor; er ist aber insofern betheiligt, als er, von der Polizei befragt, wissentlich falsche Aussagen macht, die den Bauführer entlasten sollen.

---

23. a) A. liefert für eine Markenverletzung wissentlich die unberechtigten Etiketten. Diese werden nach 6 Jahren auf der Waare angebracht. Nach weiterem Verlauf von 6 Monaten erfährt der Berechtigte von der Markenverletzung und von dem markenverletzenden Thäter und stellt den Antrag. Der Gehilfe A. wird erst bei der Verhandlung ermittelt.

b) Wie, wenn der Verletzte den Strafantrag gegen den markenverletzenden Thäter versäumt, dann aber, sobald er vom Gehilfen erfährt, den Antrag stellt?

c) Wie, wenn der Berechtigte von der Lieferung der falschen Etiketten und von dem Lieferanten alsbald Kenntniß erlangt, aber, da der Vertrieb der Waaren in das Ausland stattfindet, von der falschen Bezeichnung der Waare erst nach 6 Monaten erfährt, und nun den Antrag stellt?

---

24. a) Der Diener hat seinem Herrn verschiedene Gegenstände unbedeutenden Wertes entwendet. Er verkauft sie an den Trödler X. und kauft sie nach dem bald erfolgten Tode des Herrn von X. zurück.

b) A. hat verschiedene Patentverletzungen gegen die Handelsgesellschaft X. begangen; diese löst sich nach kurzer Zeit auf, indem das ganze Geschäft in der Theilung von dem Gesellschafter B. übernommen wird.

c) Macht es etwas aus, wenn das Geschäft von einem Fremden erworben wird?

25. a) A. hat eine eingetragene Marke, die großen Zulauf genießt. Er läßt sich herbei, dem B. zeitweise den Gebrauch dieser Marke zu gestatten, stellt aber trotzdem Strafantrag, da der Gebrauch des B. trotz dieser Einwilligung ein rechtswidriger gewesen sei; denn das Markenrecht sei nicht Gegenstand der privaten Disposition.

b) Wie, wenn er dem B. etwa die Benutzung seines Namens oder eines zum Verwechseln ähnlichen Namens gestattet hätte?

---

26. a) A. hat dem B., den er kürzlich mißhandelt hat, 500 Mk. als Abfindung bezahlt. Die Sache kommt trotzdem zur strafgerichtlichen Verhandlung. B. verlangt eine Buße von 1500 Mk.

b) Der Entschädigungsanspruch wegen Patentverletzung verjährt in 3 Jahren (§ 39 Patentgesetz). Eine Patentverletzung kommt nach 4 Jahren zu strafgerichtlicher Verhandlung. Kann auf Buße erkannt werden?

c) Der Verletzte hat im Strafproceß wegen Patentverletzung Buße begehrt, ist aber vor dem Urtheil erster Instanz gestorben. Ist hierdurch die Verjährung des Civilanspruchs unterbrochen worden?

---

27. a) Ein Schriftsteller, dessen Werk nachgedruckt worden ist, hatte s. Z. alle Urheberrechte an seinen Verleger übertragen. In dem von ihm selbst veranlaßten Strafverfahren wegen Nachdrucks tritt der Verleger als Nebenkläger auf und begehrt Buße.

b) Der Generalbevollmächtigte des abwesenden Autors stellt den Strafantrag, tritt als Nebenkläger ein und verlangt Buße.

---

28. a) Das Gericht setzt die objectiv strafbare Qualität einer Drucksache fest, spricht aber wegen Unzurechnungsfähigkeit des Verfassers frei. Kann ein objectives Strafverfahren zum Zweck der Unbrauchbarmachung der Exemplare erfolgen?

b) Das Gericht spricht wegen Wahrung berechtigter Interessen frei. Ist hier auf Unbrauchbarmachung zu erkennen?

---

29. a) A. wird wegen Markenverletzung in idealer Konkurrenz mit Betrug verurtheilt. Kann das Gericht die Veröffentlichung des Urtheils beschließen?

b) Kann das Gericht auf Buße erkennen?

---

30. a) A. hat dem B. seine Pistole geliehen; B. veräußert sie unberechtigtermaßen weiter. Dabei stellt sich heraus, daß die Pistole nicht mit dem nöthigen Prüfungszeichen versehen ist. Ist die Pistole zu confisciren?

b) Der Tapezier A. bekommt einen Vorhang zur Ausbesserung. Er verkauft ihn widerrechtlich. Dabei stellt sich heraus, daß der Vorhang mit arsenikhaltigen Stoffen gefärbt ist. Kann auf Einziehung erkannt werden?

c) Ein Fabrikarbeiter ist dadurch vergiftet worden, daß in einem Raume, wo die Arbeiter zu frühstücken pflegen, Zündhölzer fabricirt werden. Kann auf Einziehung erkannt werden? und was ist einzuziehen?

d) In den vorigen Fällen ist eine Verurtheilung ergangen, die Einziehung abgelehnt worden. Kann diese im objectiven Strafverfahren nachgeholt werden?

---

31. Der Kutscher A. geräth durch Unvorsichtigkeit mit der in Berlin fahrenden elektrischen Bahn in Collision. Dabei wird

α) Niemand verletzt,

β) der Insasse der Kutsche verletzt,

γ) ein Insasse des elektrischen Wagens verletzt.

Wie, wenn im Fall β oder γ Antrag gestellt wird? wenn nicht?

b) Bei einem Duell mit tödtlichem Ausgang bedient sich der Duellant, der seinen Gegner todtschießt, einer fremden

Patrone, die ihm mit anderem von einem Bekannten, als er verreiste, zur Aufbewahrung übergeben worden ist.

c) Dasselbe, aber die Patrone ist vom Duellanten gefunden worden; sie war im Walde in einer mit dem Namen des Eigenthümers gezeichneten Schachtel liegen geblieben.

———

32. a) A. begegnet einem Menschen, der über unerträgliche Schmerzen jammert, und läßt sich herbei, ihn durch einen Schuß zu tödten. Nachträglich stellt es sich heraus, daß der Getödtete wahnsinnig war und an Einbildungen litt.

b) Wie ist es im umgekehrten Falle, wenn Jemand einen Wahnsinnigen tödten will, der seinen Tod verlangt, und es sich später herausstellt, daß dieser nicht wahnsinnig, sondern gesunden Sinnes war?

———

33. a) B. hat ein unbedachtes Wort fallen lassen; A. schickt ihm den Kartellträger, aber nicht in ernstlicher Absicht, sondern um ihn zu erschrecken. Bevor Weiteres erfolgt, wird Sache angezeigt.

b) Zwei Duellanten schießen auf geheime Verabredung in die Luft, da es ihnen nur darum zu thun ist, dem Drängen ihrer Genossen zu willfahren.

———

34. a) Während A. als Kartellträger thätig war, verabreden X. und Y. als Mittelmänner der beiden Theile Art und Bedingungen des Zweikampfes; sie fungiren zugleich als Secundanten. Beim Zweikampf wird der eine Theil getödtet.

b) Die Secundanten liefern die zum Zweikampf nöthigen Waffen und machen einen geeigneten Platz ausfindig.

———

35. a) A., dessen Sohn als Einjähriger von seinem Officier bestraft worden ist, schickt dem Officier den Kartellträger und fordert ihn zum Zweikampf auf, falls er nicht eine seinen Sohn zurücksetzende Verfügung aufhebe.

b) A., der in erster Instanz verurtheilt worden ist, schickt dem Richter den Kartellträger, wobei er erklärt, daß er jeden Richter, auch die künftigen Richter zweiter Instanz fordern werde, die es wagen sollten, ihn zu verurtheilen.

36. a) Der Arzt A. diagnosticirt die Krankheit der Frau B. dahin, daß es eine leichte Geschwulst sei, die durch unbedeutende Operation geheilt werde. B. unterzieht sich der Operation und wird narkotisirt. Bei der Ausführung der Operation ergibt es sich, daß ein viel schwereres Leiden im Hintergrunde steht, welches eine stänbige Lebensgefahr darstellt und eine schwere Operation erforderlich macht. Der Arzt entschließt sich auf eigene Faust zu dieser schweren Operation; diese gelingt und die Frau wird gerettet.

b) Die Frau stirbt bei der Operation.

c) Sie wird gerettet, aber erst nach langer Krankheit.

d) Sie wird gerettet, aber, in Folge der Operation, generationsunfähig.

37. a) A. schneidet dem B., um ihn zu verunstalten, während er schläft, die Hälfte seiner Haare und seines Bartes ab.

b) Er thut es, um ihn am Ausgehen zu hindern.

38. a) A. meldet fälschlich beim Standesamt Zwillinge an, um auf Grund des Geburtsscheines milde Gaben zu erhalten.

b) Die A., welche öfters uneheliche Kinder zur Welt bringt, ist auf folgendes Manöver verfallen: sie setzt das Kind in der Nachbargemeinde aus, aber so, daß sie in der Nähe versteckt bleibt und daher das Leben des Kindes nicht wesentlich gefährdet ist. Das Kind wird von der Polizei aufgehoben und muß auf Gemeindekosten erhalten werden. Nunmehr bietet sie sich als Kostgeberin an und erhält für das Aufziehen des Kindes eine beträchtliche Vergütung.

39. a) Ein französischer Champagnerfabrikant fabricirt für Deutschland, und zwar, um den Zoll zu sparen, in der Art, daß er den cuvée (den noch nicht fabricirten Wein) über die Grenze schickt und ihn im Elsaß zu Champagner verarbeitet. Er verkauft ihn als französischen Champagner.

b) Derselbe Fall. Es findet sich aber auf der Flasche eine kleine Etikette mit der Bemerkung, daß der Champagner im Elsaß in Flaschen gezogen worden sei.

40. a) A. bezieht den Cognac aus Bordeaux in Fässern; die Fässer sind ohne Marke; er füllt ihn in Flaschen ab und bezeichnet die Flaschen mit der Marke seines Lieferanten. Auf Vorhalt erklärt er sich für hierzu berechtigt; denn da er die Marke des Lieferanten der Waare benutze, so benutze er keine falsche Marke.

b) A. kauft Krüge und Flaschen, in welchen der ächte Tarasper Lucius veräußert wurde und füllt sie mit künstlichem Wasser. Die Krüge tragen die Inschrift Lucius und Tarasp.

c) Eine Gesellschaft, welche eine bekannte Quelle „Verena" ausbeutete, verkauft die Quelle und übernimmt den Vertrieb einer andern benachbarten Quelle Y. Sie hat den Namen „Verena" in das Markenregister eintragen lassen und verkauft nun das Wasser der Quelle Y. mit diesem Namen, indem sie gegen den Käufer der alten Verenaquelle, welcher diesen Namen beibehält, Strafantrag stellt.

41. a) A. schreibt auf seine Waare: patentirt. Er hat nur ein französisches Patent.

b) A. schreibt auf seine Waaren: prämiirt; er besitzt keine Medaille, ausgenommen von einer Gesellschaft, welche solche Medaillen einem Jeden gegen Zahlung von 100 Mk. verkauft.

c) A. schreibt auf die Waare fälschlicherweise: eigene Erfindung.

d) A. vertreibt Waaren, deren Patent erloschen ist. Das seiner Zeit, bei Bestehen des Patentes, darauf eingravirte Wort: „Deutsches Reichspatent" ist nicht getilgt worden.

42. a) A. schreibt auf seine Waare: „gesetzlich geschützt". Sie ist nicht patentirt, aber in das Gebrauchsmusterregister eingetragen.

b) A. setzt auf seine Waare: „in den meisten Kulturstaaten patentirt". Die Waare ist nur in Deutschland patentirt.

c) A. ist bereits einmal wegen Patentanmaßung verurtheilt worden und hat die Geldstrafe bezahlt. Es fragt sich, ob die Strafe nicht im Fall der weiteren Zuwiderhandlung geschärft werden kann.

---

43. a) Der Ehemann pflegt die Briefe seiner Frau zu öffnen, was diese sich auch gefallen läßt. Während seiner mehrmonatlichen Abwesenheit beauftragt er seinen im gleichen Hause wohnenden Bruder, dieses zu thun. Er thut es; die Frau stellt Antrag auf Strafverfolgung.

b) Der Erziehungsvorstand eines Mädchenpensionats pflegt die Briefe an und von den Zöglingen zu öffnen. Während seiner Abwesenheit beauftragt er seinen Stellvertreter. Gegen diesen wird wegen Brieferbrechung Strafantrag gestellt. Wie wenn er Briefe eröffnet, welche die Zöglinge an ihre eignen Eltern richten?

c) Wie verhält es sich in analogen Fällen mit dem Vorstande einer Privatirrenanstalt?

---

44. a) Die A. soll einen Brief zur Post tragen. Er fällt ihr aus Versehen in den Straßenschmutz, und da sie fürchtet, ausgezankt zu werden, so öffnet sie den Brief, bringt ihn ungelesen in eine andere Umhüllung, kopirt die Adresse und versieht den Brief mit neuer Marke.

b) A. macht mit dem Dienstmädchen des B. aus, daß sie in der Abwesenheit des B. die für diesen einlaufenden Briefe eröffnet, sie dem A. eröffnet zur Lektüre bringt und sie sodann wieder verschließt. Da die Briefe spanisch sind, so kann nur A., nicht auch das Dienstmädchen, ihren Inhalt lesen.

c) A. veröffentlicht einen Brief, von dem er auf solche Weise Kenntniß erlangt hat.

45. a) Der behandelte Arzt erkennt, daß seine Patientin mit Hülfe einer (ungeschickt operirenden) Persönlichkeit abgetrieben hat. Er erlangt auch ein Geständniß. Die Patientin stirbt. Die Hebamme X. wird deßhalb in Untersuchung genommen; der Arzt soll Zeugniß geben. Darf er dies?

b) Nach dem Tode des A. kommen weitere Briefe an und werden in der Wohnung abgegeben. Der Erbe öffnet sie.

---

46. a) A. und B. haben zusammen dem X. die Fensterscheiben eingeworfen. Der Strafantrag wegen Sachbeschädigung ist verspätet. X. fragt, ob nicht noch eine Bestrafung wegen Hausfriedensbruch möglich ist.

b) A. belästigt eine parterre wohnende Dame öfters dadurch, daß er ihr Briefe und Blumensträuße hineinwirft, obgleich sie sich dieses verbeten hat.

c) A. experimentirt und lenkt Gaie, die sonst sein Haus erfüllen würden, in den umschlossenen Hofraum des Nachbarn.

---

47. a) Der Fabrikant erklärt der Tochter seines Buchhalters, daß er ihrem Vater vertragsmäßig kündigen werde, falls sie sich ihm nicht preisgebe. In Verzweiflung, weil der Vater ins Elend käme, gibt sich die Tochter dazu her.

b) Der Fabrikant hat seinen Buchhalter auf einer Untreue ertappt. Da dieser aber sehr brauchbar ist, so erklärt er, von einer Anzeige abzustehen. Einige Zeit später lernt er dessen Tochter kennen und macht ihr nun, unter Androhung nachträglicher Anzeige, ein unsittliches Anerbieten, worauf diese eingeht.

---

48. a) Der Vertheidiger schreibt an den verhafteten Angeschuldigten einen Brief, der grobe Ehrverletzungen gegen Richter und andere Personen enthält. Der Untersuchungsrichter, an den der Brief gebracht wird, eröffnet ihn und unterbreitet ihn der Staatsanwaltschaft.

b) A. schreibt einen beleidigenden Brief und läßt ihn verschlossen auf seinem Schreibtisch liegen. Das Dienstmädchen glaubt, er sei zur Absendung bestimmt, und wirft ihn in den Briefkasten, so daß er an seine Adresse kommt.

c) A. schreibt an den B. einen beleidigenden Brief, der von dem Postbeamten X. geöffnet, Dritten gezeigt, aber nicht an die Adresse des B. befördert wird.

---

49. A. erklärt in der Presse, kurz vor den Reichstagswahlen, daß sein Parteigegner B. in einer Zeugnißsache die bewußte Unwahrheit gesagt habe. Der Vorwurf ist unrichtig, der gute Glaube des A. dagegen unbestritten und erwiesen.

b) A. sucht in einem Artikel die weite Verbreitung unehrlicher Machenschaften in der Geschäftswelt zu rügen und führt eine Reihe von Beispielen an. Eines seiner Beispiele erweist sich als unrichtig, da er mystificirt worden ist.

c) A. schreibt einen Entrüstungsartikel über die Vivisektion und bringt eine Reihe von Fällen bei, die ihm von glaubwürdiger Seite hinterbracht worden sind.

d) Derselbe Fall wie c, jedoch mit der Eigenheit, daß A. in seiner Wohnung durch Geschrei von Thieren belästigt wird und, um endlich einmal Ruhe zu bekommen, in die Zeitung setzt, was ihm vom Pförtner des Nachbarhauses über angebliche Vivisektionen aufgebunden worden ist.

---

50. a) Der entlassene Cigarrenarbeiter sagt von seinem ehemaligen Fabrikherrn aus, daß es in der Fabrik unreinlich und unappetitlich zugehe, was er in drastischer Weise erläutert.

b) Eine Zeitung behauptet von dem (der entgegengesetzten politischen Partei angehörigen) Fabrikanten, daß er die Arbeiter bedrücke und ihnen unberechtigt Lohnabzüge mache.

c) Eine Zeitung sprengt aus, daß ein Bankhaus jeder finanziellen Grundlage entbehre und sicherlich bald zusammenbrechen müsse.

51. a) A. beschuldigt bei Gericht den B., in bewußt=
loser Trunkenheit beschimpfenden Unfug in der Kirche be=
gangen zu haben. Das Ganze ist unwahr.

b) A. macht vor der Verwaltungsbehörde die Anzeige,
daß B. in seinem Irrsinn in der Kirche groben Unfug an=
gestellt habe, und bittet dafür zu sorgen, daß derselbe überwacht
werde. B. ist nicht irrsinnig; die Thatsache ist unwahr.

---

52. Die A. beschuldigt den B. vor Gericht, daß er sie
in ihrer Bewußtlosigkeit unzüchtig berührt und sich dessen
Anderen gegenüber gerühmt habe. Die Angabe ist falsch.

b) Der A. macht die Anzeige, die B. habe, während er
betrunken dalag, mit ihm unzüchtige Dinge begangen. Die
Angabe ist falsch.

c) Die A. beschuldigt vor Gericht ihren Dienstherrn, daß
er sie durch die Drohung, ihr zu kündigen, zur Beiwohnung
genöthigt habe. Auch diese Angabe ist falsch.

---

53. a) A. schreibt an die Polizeibehörde, die B. habe
vor 10 Jahren seinen Vater bestohlen und dies habe seinen
Vater so gegrämt, daß er ein halbes Jahr darnach gestorben
sei. Die Angabe ist unwahr.

b) A. schreibt an den Fürsten, der Minister B. habe
sich vor 10 Jahren, als er noch Verwaltungsbeamter war,
bestechen lassen. Die Angabe ist unwahr.

c) A. schreibt an den Minister, der Rath des Ministeriums
X. habe vor 8 Jahren verschiedene Indiscretionen begangen
und insbesondere Mittheilungen aus einer vertraulichen
Ministerialberathung in die Presse gebracht.

---

54. a) Die A. beschuldigt den B. vor Gericht, daß er
sie genothzüchtigt habe; in der That lagen nur gewaltsame
grobe Unzüchtigkeiten vor.

b) A. beschuldigt den B., ihm durch einen Schlag das
Augenlicht genommen zu haben; der Schlag ist richtig, der

Verlust des Augenlichtes rührt aber von einer Verletzung her, die A. einige Zeit darauf durch Hantirung mit ätzender Flüssigkeit erfahren hat. Er hat den B. beschuldigt, um auf solche Weise eine erhebliche Buße zu erlangen.

c) A. beschuldigt den B. der fahrlässigen Tödtung seines Bruders, den er im Handgedränge mit einem Knotenstock über den Kopf geschlagen habe. Das Handgemenge und die Betheiligung des B. sind sicher, aber der Bruder des A. ist bei einem anderen Handgemenge verletzt worden, das in der Nähe spielte. A. glaubte, von B. auf solche Weise eine Vergütung erlangen zu können.

---

55. a) A. zeigt an, daß ihn B. angefallen und verletzt habe; er unterläßt anzugeben, daß derselbe schwer betrunken war.

b) Der Musikkritiker A. erhebt Privatklage gegen B., weil dieser in der Zeitung behauptet hat, daß A. von den zu kritisirenden Künstlern Geschenke annehme, was völlig unwahr sei. Bei der Verhandlung wird die völlige Richtigkeit der Angaben des B. erwiesen.

c) A. beschuldigt die B., daß sie bei X. 1 Mark gestohlen habe; er verschweigt hierbei, daß sie um die Zeit, wo die That geschah, Dienstmädchen des X. war.

d) A. beschuldigt die B., daß sie als Dienstmädchen bei X. einen Hundertmarkschein gestohlen habe und darum entlassen worden sei; während es sich, wie er wohl weiß, nur um 1 Mark handelt.

---

56. a) A. erklärt vor dem Staatsanwalt, in dem Verein, welcher aus 20 Mitgliedern besteht, sei Einer, der ihn bestohlen habe; wer, wolle er nicht nennen. Die Angabe erweist sich als unrichtig.

b) A. erklärt, er habe gesehen, daß von den zwei Brüdern X. und Y. der eine den Postdiebstahl begangen habe; er könne aber nicht sagen, welcher, da beide eine zu große Aehnlichkeit haben. Die ganze Angabe ist unwahr.

c) A. gibt vor Gericht an, aus dem Hause X. sei Nachts Jemand herausgesprungen und habe ihn mißhandelt; er schildert die Person als groß, mit röthlichem Bart u. s. w.; die Schilderung würde auf einen der Insassen passen. Das Ganze ist unwahr.

---

57. a) A. hat eine Urkundenfälschung begangen. Seine Frau fürchtet, daß die That demnächst herauskomme und A. seinen Dienst verliere. Sie geht daher (unter Zustimmung des A.) vor Gericht und gibt sich als die Fälscherin an.

b) A. bezeichnet sich vor Gericht als den bisher unbekannten Thäter des gegen X. gerichteten Mordversuches. Er thut es, weil die Anarchisten dem Thäter oder seinen Hinterbliebenen eine große Summe zugesichert haben und er annimmt, daß er doch nicht mehr lange zu leben habe.

---

58. Die A. will sich interessant machen und erklärt der Staatsanwaltschaft, es habe ein unbekannter Mann einen Ueberfall auf sie versucht, dessen sie sich nur mühsam erwehren konnte.

b) A. ist in Geldnoth; um leichter Beistand zu bekommen, erbricht er seinen Kassenschrank und zeigt der Polizeibehörde unter Vorweisung der Schädigungen an, daß in der Nacht ein schwerer Diebstahl bei ihm begangen und 50 Hundertmarkscheine und 10 Tausendmarkscheine gestohlen worden seien.

---

59. a) Ein Schutzmann verhaftet Nachts eine einsam nach Hause kehrende Frauensperson, weil sie eine Dirne sei und sich der Ordnung nicht füge. Unterwegs verspricht er, sie loszulassen, wenn sie mit ihm unzüchtige Handlungen vornehme.

b) Dasselbe thut Jemand, der die Kleidung eines Schutzmanns angelegt hat.

c) Dasselbe thut Jemand, der sich für einen Polizeibeamten ausgibt, indem er eine falsche Urkunde zur Bestätigung vorlegt.

***

60. a) A. tritt dem B. seine Frau zum sexuellen Ver= kehr ab. Da diese nicht immer gefügig ist, übt B. einmal mit ihr zwangsweise die Beiwohnung aus.

b) A. gestattet dem B., beliebig aus des A. Garten Obst zu holen; B. wendet Gewalt an gegen den sich ihm wider= setzenden neuen Gärtner, der von dieser Gestattung nichts weiß.

***

61. a) In der Ehescheidung zwischen A. und B. ist der Frau B. das gemeinsame Kind zugewiesen worden. A. verabredet sich mit X. und Y., daß sie sein Kind entführen und es ihm in die Wohnung schaffen. X. und Y. trauen der Sache nicht und zeigen es der Polizei an. Diese gibt ihnen den Rath, sie sollten scheinbar Entführungshandlungen vor- nehmen; die Polizei werde dann, wie von ungefähr, dazwischen treten und das Kind befreien. So entwickelt sich auch die Sache; jedoch kommt die Polizei zu spät und holt das Kind erst ab, nachdem es bereits dem X. und Y. entronnen und in die Wohnung des A. geeilt ist.

b) A. besticht das Kindermädchen und erlangt dadurch, daß ihm, entgegen den Bestimmungen des Scheidungsurtheils, das Kind jeden Nachmittags 2 Stunden zugebracht wird; bis schließlich durch das Kind die Sache verrathen wird.

***

62. a) A. will in der Nacht dadurch stehlen, daß er das Fenster öffnet, hineinlangt und einen Gegenstand heraus- nimmt. Zu diesem Zwecke verdirbt er gelegentlich einer im Hause zu leistenden Arbeit den Riegel des Fensters, so daß dieses nicht mehr ordentlich zu schließen ist, öffnet Nachts mühelos das Fenster und vollbringt den Diebstahl.

b) Wie oben. Der Bewohner des Zimmers bemerkt aber den Schaden und bessert ihn rechtzeitig aus; A. stößt in Folge dessen beim Oeffnen des Fensters auf das Hinderniß und zieht sich, weil er Lärm hört, zurück.

63. **a)** Der Dieb A. tritt in die Wohnung des B. ein. Er drückt auf die Thüre, die er für unverschlossen hält, und da sie auf den ersten Anprall Widerstand leistet, drückt er ein zweites Mal; denn er erinnert sich, daß die Thüre bisweilen schwer geht. Die Thüre gibt nach, und er kommt hinein und stiehlt. Bei Besichtigung der Oertlichkeit ergibt es sich, daß ohne Wissen des Hausherrn von dem Dienstmädchen ein (schwacher) Riegel vorgeschoben war, der durch den zweiten Stoß losgelöst worden ist und losgelöst herabhängt.

b) Der Dieb A. findet hinter der Thüre des Flures den Schlüsselbund des Hausbewohners hängen; er öffnet mit einem Schlüssel, den er für den richtigen hält, die Thüre zum Wohnraume, wo sich das Geld befindet, und stiehlt. Der Schlüssel hat mit Mühe geöffnet, und es zeigt sich, daß es der Schlüssel war, der eigentlich zum Nachbargelaß gehört.

---

64. **a)** A. kauft einen Korb voll Apfelsinen. Er will die Apfelsinen abholen und zugleich einen zweiten danebenstehenden Korb Apfelsinen stehlen. Hierbei nimmt er zunächst den Korb X. fort, den er für den fremden hält, und sodann den Korb Y., den er für den eigenen ansieht. Schließlich stellt sich heraus, daß die Sache sich gerade umgekehrt verhält und er zuerst den eigenen Korb, dann erst den fremden mitgenommen hat.

b) Der Dieb A. will mit einem falschen Schlüssel öffnen, bekommt aber, ohne daß er es weiß, den richtigen Schlüssel in die Hand und öffnet mit diesem.

---

65. **a)** Der 13 jährige Sohn hat die Gewohnheit, in sein Parterrezimmer durch's Fenster einzuschleichen, sobald er ohne Genehmigung seiner Eltern ausgewesen ist und Streiche ausgeführt hat. Eine Dirne veranlaßt ihn, seinem Vater die goldene Uhr zu stehlen. Er steigt, wie gewöhnlich, Nachts in sein Parterrezimmer ein und begibt sich eine Treppe höher, wo er aus dem Wohnzimmer des Vaters die Uhr entwendet.

b) Wie, wenn der 13 jährige Sohn, weil ihm die Eltern keinen Hausschlüssel geben, sich für seine Excursionen einen Hausschlüssel hat machen lassen und wenn er den Diebstahl begeht, nachdem er mit diesem Schlüssel ins Haus gelangt ist?

66. a) Jemand veranlaßt einen Geisteskranken, dem A. eine Urkunde zu stehlen; A. ertappt den Geisteskranken auf der That und will ihm die Urkunde entreißen, aber der Kranke hält die Urkunde fest, gewinnt die Obmacht und flieht mit ihr, nachdem er den A. zu Boden geschlagen hat.

b) Wie, wenn Jemand seinen Hund abrichtet, die Sache des A. zu holen, der Hund sie wegnimmt und sie, trotzdem sich A. mit Gewalt ins Mittel legt, fortträgt?

67. a) B. steht dem A. mit seinem Rathe bei, um den X. zu bestehlen; dabei wird ausgemacht, daß ihm A. ein Drittel des Gestohlenen überlasse. A. stiehlt eine werthvolle Kette mit Brillanten, die er dem B. gegen Zahlung von zwei Drittel des von diesem behaupteten Schätzungspreises überläßt. Nachträglich stellt sich heraus, daß A. bedeutend übervortheilt wurde, da die Sache zehnmal soviel werth ist.

b) B. steht dem A. mit seinem Rath bei, um die Sache des X. zu stehlen, wobei sie mit einander ausmachen, daß die Sache dem B. zufallen und dieser dem A. ein für allemal für seine Thätigkeit 100 Mk. zahlen solle. Die Sache wird gestohlen und dem B. übergeben.

68. a) A. will seinen Gläubiger B. bezahlen. Da er kein Geld hat, stiehlt er mit dessen Zustimmung das Sparkassenbuch des X., das auf 1000 Mk. lautet, erhebt das Geld (das Sparkassenbuch enthält die Klausel, daß die Kasse an den Inhaber des Buches zahlen kann) und bezahlt den B.

b) A. hat einen Tausendmarkschein gestohlen; um zwei Mitwisser zum Schweigen zu bringen, gibt er jedem von ihnen einen Hundertmarkschein, nachdem er den gestohlenen Tausendmarkschein auf der Bank in 10 Hundertmarkscheine umgewechselt hat.

c) Er gibt ihnen, da er an 800 Mk. genug habe, aber den Tausendmarkschein aufbewahren wolle, 200 Mk. Goldstücke aus eigener Kasse.

---

69. a) A. hat für seinen Vater 30 Mark eingenommen. B. veranlaßt ihn, ein gemeinsames Diner zu veranstalten, und die 30 Mark werden verbraucht.

b) Bei dem Diner werden nur 20 Mark verbraucht und 10 Mark theilen die Beiden unter sich.

---

70. a) A. macht ein Schauspiel; B. verarbeitet es ohne Genehmigung zum Opernlibrett, läßt die Worte unter die Noten schreiben, studirt es so mit den Sängern ein und bringt es zur Aufführung.

b) Die Sängerin F. will ein Lied im Concert singen. Da es in der einzigen gedruckten Ausgabe für ihre Stimme zu hoch ist, so läßt sie es um einen Ton tiefer schreiben und singt es von diesen Schreibnoten ab.

---

71. a) A. malt ein Bild, das große Sensation macht. B. führt nach diesem Gemälde ein lebendes Bild aus, bei welchem die Figuren mit dem Kostüm des Bildes, mit Kränzen und Palmen wiedergegeben werden und der landschaftliche Hintergrund als Coulisse gemalt ist.

b) B. sieht das lebende Bild, photographirt es ab und läßt es mit anderen Festbildern in einer illustrirten Zeitschrift erscheinen.

---

72. a) A. photographirt einen berühmten Reisenden. B. zeichnet das Bild ab, photographirt das gezeichnete Bild und vervielfältigt die Photographie.

b) A. macht nach einem neueren Gemälde ein Relief. B. fertigt hiernach eine Zeichnung und vervielfältigt sie.

c) A. schreibt ein Buch in deutscher Sprache, B. übersetzt es mit Erlaubniß des A. ins Russische, C. übersetzt es mit Erlaubniß des B. aus dem Russischen ins Deutsche zurück und vervielfältigt die Uebersetzung.

---

73. a) In der Schweiz gibt es keine Patente für die chemische Industrie. Die chemische Fabrik A. in Basel producirt Waaren in einer Herstellungsweise, die in Deutschland patentirt ist, und führt sie in Deutschland ein. Dies geschieht dadurch, daß die Waaren in Basel verpackt und mit der Adresse einer deutschen Handelsfirma zur Post gegeben werden.

b) Die Fabrik A. errichtet in einzelnen deutschen Städten besondere Verkaufsstellen, wo ihr Produkt zu bekommen ist.

---

74. a) A. hat für eine bestimmte Produktionsweise eines Farbstoffes ein deutsches Patent. B. fabricirt in Frankreich, wo kein Patent hierfür besteht, in der patentirten Weise. C. sendet dem B. von Deutschland aus Halbfabrikate, damit sie von B. bei seiner Fabrikation benutzt werden.

b) Wie, wenn C. nicht Halbfabrikate, sondern nur Kohlen oder Säuren schickt, aber im Bewußtsein, daß sie zu dieser Konkurrenzfabrikation verwendet werden?

c) C. sendet nicht nur diese Dinge, sondern er wird auch am Resultate der Fabrikation des B. betheiligt.

---

75. a) Die Gemeinde A. benutzt zur Straßenbeleuchtung Glühstrümpfe nach dem System Y. Der B., welcher für ein System X. ein Patent hat, behauptet, daß jenes System in sein Patent eingreife und beantragt die Bestrafung der Gemeinde, eventuell des Gemeindevorstandes.

b) Der Staat hat in seinen Anstalten eine Heizvorrichtung in Uebung, welche ihm als Erfindungsgeheimniß mitgetheilt worden ist. Für diese Erfindung erwirbt später A. ein Patent. Bald darauf gründet der Staat eine Tabakmanufaktur und führt hier die nämliche Vorrichtung ein. A. beantragt die Bestrafung des Vorstandes der Tabakmanufaktur wegen Patentverletzung.

***

76. a) Ein neues transatlantisches Kabel mündet auf der einen Seite in New=York, auf der anderen Seite in Bremen. Ein Elektriker stellt Strafantrag, weil die Einrichtung dieses Kabels seinem deutschen Patente widerspreche.

b) Dasselbe; aber er behauptet nicht, daß die Einrichtung des Kabels an sich seinem Patente zuwider sei, wohl aber die Art, wie in New=York telegraphirt wird: diese telegraphische Thätigkeit in New=York verletze aber sein deutsches Patent, da ihre Wirkung in Deutschland hervortrete.

c) A. betreibt eine Fabrik mittelst einer aus dem Ausland herrührenden elektrischen Leitung; die Art, wie er im Auslande die Elektricität erzeugt, widerspricht einem deutschen Patente.

***

77. a) Das Kaufhaus X. in Berlin hat eine große Reihe Briefe nach Stuttgart zu senden. Es vereinigt die Briefe in einem Umschlag und übersendet das Ganze als Postpacket an seinen dortigen Geschäftsfreund, um die auf solche Weise übersandten offenen Briefe daselbst zu schließen und durch die württembergische Post nach dem dort zulässigen verminderten Stadtporto den verschiedenen Adressaten zu übersenden. Der Geschäftsfreund erhält dafür von jedem Brief einen Pfennig.

b) Er soll sie nicht durch die Post übersenden, sondern durch seinen Ausläufer austragen lassen.

c) Er übersendet solche Briefe mit Blancoadresse und überläßt es dem Geschäftsfreund, die Adressen auszufüllen
α) nach einer zugleich mitgetheilten Liste,
β) nach seinem eigenen Gutdünken.

d) Wie wenn die Uebersendung nicht durch die Post, sondern in einem Frachtstück erfolgte?

***

78. a) Der Fabrikant zahlt seinen Arbeitern einen Theil des Lohnes in Anweisungen auf die besten Lebens=

mittelhandlungen des Ortes aus, um sie zur Sparsamkeit zu erziehen und den Mißbrauch des Geldes zu verhüten.

b) Er gibt den Arbeitern solche Anweisungen, aber nicht als Theil des Lohnes, sondern im Voraus zu beliebiger Benutzung, so daß bei der nächsten Lohnzahlung diejenigen Anweisungen, die benutzt und von den Lebensmittelhandlungen dem Fabrikanten zur Honorirung vorgewiesen worden sind, in Abzug genommen, im Uebrigen aber der Lohn völlig ausbezahlt wird.

c) Er zahlt auf Anweisung des Arbeiters X. die Hälfte des Lohnes an dessen Gläubiger.

d) Er hat dem Arbeiter X. für 100 Mk. gebürgt und den Betrag zahlen müssen; diesen Betrag rechnet er ihm bei den Lohnzahlungen auf.

---

79. a) A. fällt in Konkurs. Es wird ihm zum Vorwurf gemacht, daß er übermäßige Gelder aufgewendet habe. Er vertheidigt sich damit, daß

α) die Aufwendungen theils von seiner Frau herrührten; davon habe er erst erfahren, als mit einem Male eine große Reihe ganz unerwarteter Rechnungen von mehreren Jahren her kamen, da seine Frau die Lieferanten Jahre lang vertröstet habe; daß

β) ein anderer Theil der Aufwendungen für seinen Sohn gemacht worden sei, der als Officier einen Ehrenschein ausgestellt habe, den er doch habe einlösen müssen.

b) A. hat aus Kunstinteresse einen Rembrandt angeschafft, um ihn nicht ins Ausland gelangen zu lassen. Die Anschaffung verlangt eine sehr große Summe. Er fällt in Konkurs, und diese Summe wird ihm als übermäßiger Aufwand ausgelegt.

---

80. a) A. ist dem B. 500 Mk. schuldig. Er zahlt 300 Mk. und es wird folgende Urkunde aufgenommen: B. hat von A. die vollen 500 Mk. erhalten, zahlt aber davon 200 Mk. an A. zurück, welche 200 Mk. sich A. verpflichtet, auf Rechnung des B. an X. zu zahlen. A. zahlt an den X. nichts und kommt in Konkurs.

b) A. ist dem B. nichts schuldig; er übernimmt es aber, 200 Mk. an X. zu zahlen, wofür sich B. sofort für 200 Mk. zu Gunsten des A. belastet.

---

81. a) Der Bankier A. ist von seinem Kunden X. beauftragt, Industriepapiere bestimmter Art zum Nennwerth von 10 000 Mk. zu kaufen. Der Bankier, der auch selbst speculiren will, gibt dem Kommissionär B. den Auftrag, solche Papiere im Werthe von 20 000 Mk. zu kaufen. Der Letztere erfüllt den Auftrag, behält aber, da unterdessen A. seine Zahlungen eingestellt hat, wegen Gegenforderungen im Betrage von 15 000 Mk. sämmtliche gekaufte Papiere zurück. In Folge dessen wird der Ausbruch des Konkurses verzögert, da B. keinen Konkursantrag stellt und Andere kein genügendes Interesse daran haben.

b) In dem nunmehr ausgebrochenen Konkurs kommt X. in Verlust; es werden von den gekauften Papieren zwar 5000 Mk. an die Konkursmasse abgeliefert, aber von der Gläubigerschaft in Anspruch genommen, und X. wird als einfacher Konkursgläubiger behandelt.

---

82. a) A. möchte in der Generalversammlung einer Aktiengesellschaft nicht mit 10, sondern mit 15 Aktien stimmen, um damit die Majorität zu gewinnen. Er läßt sich zu diesem Zwecke die Aktien des B., der an der Generalversammlung nicht Theil nimmt und der seine Aktien bei demselben Bankier liegen hat, von diesem Bankier geben, hinterlegt sie zum Zweck der Abstimmung und gewinnt auf solche Weise die Majorität.

b) Wie, wenn etwa der Bankier ihm die Bescheinigung gäbe, daß er 15 Aktien bei ihm liegen habe und A. auf Grund dieser Bescheinigung zur Abstimmung zugelassen würde?

---

83. a) Der Bankier A. spielt mit den ihm anvertrauten Werthpapieren in der Art, daß er sie für die etwaige

Differenzschuld zum Pfand setzt: sie werden zu diesem Zwecke bei dem Vertrauensmann X. hinterlegt. Er bleibt lange Zeit in Gewinn, macht aber dann schwere Verluste, behauptet aber, daß dies seine Kunden nicht beeinträchtige, da er nicht ins Börsenregister eingetragen, mithin der Differenzhandel nichtig sei.

b) Er verkauft sie auf Wiederkauf in der bestimmten Erwartung, den Wiederkauf effektuiren zu können.

––––

84. a) A. will ein eigenhändiges Testament machen. Sein juristisch gebildeter Sohn, dem dieses Testament zum Nachtheil gereichen würde, erklärt ihm, daß hierzu die Unterschrift unter ein von einem Schreiber entworfenes Schriftstück genüge. A. läßt daraufhin seinen letzten Willen vom Schreiber ins Reine schreiben und unterzeichnet. Nach seinem Tode ficht der Sohn das Testament an.

b) B. weiß, daß A. ein eigenhändiges Testament machen will. Er bringt ihn durch geistige Getränke in einen unzurechnungsfähigen Zustand und veranlaßt ihn, jetzt seinen Willen niederzuschreiben. Da A. im nüchternen Zustande nichts zu ändern hat, so läßt er es auf den Rath des B. bei der Niederschrift bewenden. Nach dem Tode ficht B. das Testament wegen des getrübten geistigen Zustandes zur Zeit der Errichtung an.

––––

85. a) A. hat aus Renommage verbreitet, er habe eine reiche Schwiegermutter, mit der er allerdings manchen Strauß habe, jedoch mit gutem „pecuniären Erfolg“. Längere Zeit hernach nimmt er bei B. ein Darlehen auf. B. gibt es hauptsächlich, weil er auf die früheren Angaben des A. baut. Beim Darlehen selbst wird allerdings nichts davon gesprochen, indem A. weder seine Angaben wiederholt, noch den B. vom Gegentheil unterrichtet.

b) A. nimmt unter seinem Namen Richard Schulze von der Bank ein Darlehen; die Bank gibt es, weil sie ihn mit einer gleichnamen Person verwechselt. A. merkt die Verwechselung und schweigt.

––––

86. a) Bierführer A. ist Fuhrknecht des Bierhändlers B. Er wird von diesem entlassen und geht zum Bierhändler C. über, verkauft aber das Bier in derselben Weise wie bisher, so daß die Kunden meinen, der „Stoff“ stamme von dem gleichen Bierhändler wie früher. Auf Befragen erklärt er einem Kunden direkt, Alles gehe „seinen geregelten Gang“.

b) Wie, wenn der Bierführer A. schon, während er Fuhrknecht des B. war, zeitweise Biere Anderer verkauft hat, so daß Viele zwar annahmen, daß sein Bier stets das Bier des B. sei, aber ohne thatsächliche Begründung?

---

87. a) In einem Schweizer Hotel bekommen die Schweizer billigere Preise, als die auswärtigen Gäste. A. gibt sich für einen Schweizer aus und bekommt eine billigere Rechnung.

b) A. ist Antisemit und verkauft keinem Juden auf Kredit. Um einen Kreditkauf zu erlangen, stellt sich der Jude B. als Christ vor und erreicht seinen Zweck.

---

88. a) Bei einem Wettrennen läßt Jemand ein Pferd X. theilnehmen, daß schon viele Preise erhalten hat und in Folge dessen nur unter erschwerenden Bedingungen zugelassen würde; er schmuggelt es aber als das Pferd Y. ein. Das Pferd gewinnt den Preis. Die Täuschung wird vor Auszahlung des Preises ermittelt und der Preis nicht ausbezahlt.

b) A. und B. spielen um 1 Mark Karten. B. schaut dem A. in die Karten und gewinnt in Folge dessen. Es stellt sich heraus, daß auch A. unredlich gespielt und eine abgelegte Karte zu Unrecht wieder aufgenommen hat.

---

89. a) A. steht mit dem Schaffner und dem Zugführer seines Zuges im Einverständniß, in der Art, daß er zwar eine vorgeschriebene Abonnementskarte mit sich führt, diese aber nicht coupiren läßt. Das Manöver gelingt einmal; unmittelbar darauf wird die Sache durch eine unvorsichtige Aeußerung entdeckt.

b) Um die Sache ans Licht zu ziehen, steigt ein Polizeiagent in den Zug, gebärdet sich als Geschäftsmann und kommt mit dem Zugpersonal in gleicher Weise überein, worauf er sofort Anzeige erstattet.

90. a) A., der Mitglied eines Consumvereins ist, leiht seine Mitgliedskarte dem Nichtgenossen B., der während Abwesenheit des A. seine Lebensmittel darauf hin bezieht.

b) A., welcher Genosse ist, läßt sich von einer Reihe Nichtgenossen, darunter einem Gastwirth, jeweils ihren Lebensmittelbedarf angeben und bestellt auf seine Karte hin beim Consumverein den Gesammtbedarf, wobei der Gewinn getheilt wird. Der Verkäufer im Genossenschaftsladen weiß es und läßt es geschehen.

91. a) A. fährt in der Stadtbahn Berlin aus Versehen eine Strecke zu weit. Um sich Umständlichkeiten und Verzögerung zu ersparen, fährt er ohne Fahrkarte zur richtigen Station zurück und steigt dort aus.

b) Dasselbe. Zum Beweis, daß er die Eisenbahn nicht um den geringen Betrag des Rückbillets bringen will, läßt er den dreifachen Betrag im Wagen liegen.

92. a) A. fälscht sein Briefcopirbuch, indem er die abgesandten Briefe nochmals schreibt, copirt und, während er die Abklatschcopien aufbewahrt, das Geschriebene vernichtet. Im Prozeß legt er das falsche Copierbuch vor, um einen bestimmten Vertragsinhalt zu beweisen. Die Sache wird entdeckt.

b) Der gleiche Sachverhalt; die falsche Copie soll eine Thatsache darthun, die sich auch sonst ergibt, aber nur durch einen schwierigen und zweifelhaften Indicienbeweis festzustellen wäre.

c) Der gleiche Sachverhalt; die falsche Copie soll eine Thatsache beweisen, die unrichtig ist, die aber der Fälscher für richtig hält; oder umgekehrt.

93. a) A. gibt einer Dirne, die er für ihre Dienste nicht bezahlen kann, einen Schuldschein, den er mit falschem Namen, unter Angabe einer nicht vorhandenen Straßennummer unterzeichnet.

b) A. bezahlt den ungetreuen Diener einer politischen Behörde, der ihm wichtige militärische Geheimnisse anvertraut, auf gleiche Weise.

----

94. a) Der Fabrikant A. zieht seinen Arbeitern den Betrag von je 20 Mk. als Krankenversicherungsbeitrag ab, liefert aber das Geld nicht an die Krankenkasse. Im Laufe des Jahres fällt er in Konkurs.

b) Dasselbe; es stellt sich heraus, daß er wissentlich 20 Mk. abzog, während er nur 15 Mk. hätte in Abzug bringen dürfen.

c) Dasselbe; er zieht ihnen die Krankenversicherungs= beiträge ab, weil er so wenig Baarmittel besitzt, daß er mit Müh und Noth ihnen den Lohn abzüglich des Versicherungs= beitrags bezahlen kann, und entschuldigt sich damit, daß, was er für die Krankenkasse einbehalten hatte, ja doch den Ar= beitern nothwendig am Lohn abgegangen wäre.

----

95. a) A. hat durch ein Heirathsbureau seine Frau kennen gelernt. Vertragsmäßig hat er an das Bureau 5 % der Mitgift zu entrichten. Er verweigert die Zahlung aus verschiedenen Gründen. Das Heirathsbureau droht ihm, die Sache „an die große Glocke zu hängen".

b) A. zahlt eine Schuld von 30 000 Mk. aus Differenz= geschäften nicht. B. beantragt gegen ihn bei der aus den bedeutendsten Kaufleuten der Stadt bestehenden kaufmännischen Gesellschaft den Boykott, wenn er nicht in 8 Tagen zahle.

c) Die Mitglieder der Börse A. treffen die Bestimmung, daß, wer ein Differenzgeschäft nicht berichtigt, auf die „schwarze Tafel" eingeschrieben werde, deren Inhalt von Zeit zu Zeit in die Presse kommt. Ist dies statthaft?

----

96. Der Redakteur einer wenig geachteten, aber trotzdem höchst wirksamen politischen Zeitung bekommt einen pikanten Artikel, der auf das Leben des bekannten Bankvorstandes A. gemünzt ist. Der Redakteur weiß, daß dies dem Bankvorstand in diesem Moment besonders unlieb ist, da die Bank eben im Begriffe steht, eine große Emission von Papieren für eine ausländische Regierung zu vollziehen. Er läßt unter der Hand bei dem Bankvorstand nachfragen, der ihm, sobald er davon erfährt, sofort 10 000 Mk. anbietet, falls die Mittheilung unterbleibe. Der Redakteur geht darauf ein.

b) Wie, wenn der Redakteur selbst erklärt, gegen Zahlung von 10 000 Mk. die Mittheilung unterlassen zu wollen; A. macht ihm Bemerkungen wegen der Höhe der Summe, der Redakteur mahnt ihn aber daran, daß die Mittheilung auf den Kurs der Papiere stark drücken könne; worauf A. zahlt.

---

97. a) A. sucht sein Mobiliar heimlich aus der Miethwohnung zu entfernen, um es dem Pfandrecht des Vermiethers zu entziehen. Der Letztere tritt ihm entgegen, wird aber von A. mit Gewalt auf die Seite geworfen.

b) Vor dem Billetschalter des Theaters ergibt sich ein großes Gedränge. A. arbeitet sich mit den Ellbogen vor und droht Jeden wegzustoßen, der ihm nicht den Vortritt lasse.

b) Wie, wenn das Gleiche im Parterre eines Theaters stattfindet?

---

98. a) Ein Schwindler begibt sich zu A. und erklärt ihm, er sei Detektiv und habe ihn wegen Landesverraths zu verhaften, er wolle ihn aber freilassen, wenn er ihm 1000 Mk. zahle. A. zahlt die 1000 Mk.

b) Derselbe Fall. Der Schwindler aber erklärt: er müsse ihn verhaften, dürfe ihn aber gegen eine Kaution von 1000 Mk., welche er selbst einnehmen könne, frei lassen. A. zahlt die 1000 Mk. als Kaution.

---

99. a) Die Frau A. stirbt in der Klinik des Arztes B. Ihr Ehemann untersagt dem Arzt die Section. Dieser secirt doch einen Theil der Leiche, untersucht ihn mikroskopisch und entnimmt ein kleines Stückchen als Präparat.

b) Wie, wenn der Arzt eine in ihrem Hause gestorbene Frau heimlich seciren, Theilchen untersuchen, dann aber wieder in die Leiche zurücklegen würde.

---

100. a) Ein Detektiv, der in einer Ehescheidungssache gegen hohe Bezahlung gedungen worden ist, will eine ehebrecherische Handlung des mit der Scheidungsklage zu belangenden Mannes constatiren. Er verständigt sich mit der Dirne X., die bei Gelegenheit einer Reise in den Eisenbahnwagen des Ehemanns einsteigen, im gleichen Hotel übernachten und ihn hier verleiten soll. Es gelingt ihr, und die Sache wird im Prozesse so dargestellt, als ob eine zufällige Begegnung zum geschlechtlichen Verkehr geführt habe.

b) Wie, wenn die Frau selbst diese Machenschaft veranlaßt, weil sie an der Ehescheidung ein großes pecuniäres Interesse hat?

---

101. a) Die A. bestimmt 3 Mädchen von 20 bis 24 Jahren, mit ihr eine Reise nach Holland zu machen, wo sie gute Stellungen fänden. In der That hat sie die Absicht, sie in eine Unzuchtsanstalt unterzubringen, versucht es auch, wird aber, da die Mädchen nicht dazu geeignet seien, abgewiesen. Von den Mädchen erfuhren 2 den Tag vor dieser fruchtlosen Beredung, um was es sich handle, und zeigten sich einverstanden; die Dritte glaubte bis zuletzt, daß sie in einen Dienst untergebracht werden solle und hört erst nachträglich von dem richtigen Sachverhalt. Sie macht bei der Staatsanwaltschaft Anzeige.

b) Wie, wenn die Mädchen, nachdem sie von der Sache erfuhren, sich von der A. losgemacht haben, bevor sie mit der Anstalt verhandelte?

c) Der A. wird die Sache selbst nicht geheuer, und sie verschafft den Mädchen im Auslande sofort einen ehrlichen Dienst.

102. a) Der Arzt untersucht eine Reihe Frauenspersonen sexuell. Eine derselben entleibt sich und hinterläßt einen Zettel, wonach der Arzt sie in den Tod getrieben habe. Man behauptet, der Arzt habe die Untersuchungen nicht aus medicinischen Gründen, sondern nur aus Lüsternheit vorgenommen. Die Sache erregt großes Aufsehen, und viele Leute nehmen Aergerniß daran.

b) A. konkumbirt mit der B. auf freiem Felde. Ein 10jähriger Knabe kommt dazu und wird hierdurch geschlechtlich verdorben.

c) A. konkumbirt mit der B. auf freiem Felde. Dritte Personen kommen nachträglich hinzu; sie bemerken keine unzüchtige Handlung mehr, schließen aber aus den Umständen auf die vorherige Begehung einer solchen und nehmen daran Aergerniß.

---

103. a) A. erzählt öffentlich in der Wirthschaft sexuell schamlose Dinge.

b) A. begnügt sich nicht damit, sondern bedient sich dabei unanständiger Gesten.

c) A. hält dabei einen Toast auf eine schamlose That, und die Umstehenden erheben sich zum Zeichen der Zustimmung.

In allen drei Fällen haben Personen Aergerniß genommen.

---

104. a) Eine Frau läßt sich als Modell unbekleidet photographiren. Die Zofe entwendet das Bild und zeigt es Andern.

b) Die Zofe verkauft das Bild für 20 Mark; der Käufer reproducirt es und verkauft die Reproductionen.

---

105. a) Ein Brand ist in der Scheune des A. ausgebrochen. Der Ortsvorsteher des Dorfes, der dem A. feindselig gesinnt ist, behauptet, die Schlüssel für die Feuerlöschgeräthschaften seien verlegt, und verzögert dadurch die Hülfe in der Art, daß Scheune und Haus des A. völlig niederbrennen. Bei rechtzeitigem energischem Eingreifen hätte das Haus noch gerettet werden können.

b) Bei einem schweren Brand in der Stadt X. wird an die Nachbarstadt ein Telegramm abgesandt, daß sofort Hülfe kommen solle; der Telegraphist übersieht es, das Telegramm zu befördern. Man nimmt an, daß bei rechtzeitiger Hülfe der Brand auf die Hälfte des Schadens hätte vermindert werden können.

---

106. a) Die Firma **A.** verkauft Corsetts, welche durch die Art der Schnürung die Gesundheit schwer gefährden. Eine Dame stirbt an den Folgen des Corsetts.

b) Eine andere Dame gibt das gelieferte Corsett wegen dieser Gesundheitsgefährlichkeit zurück und läßt sich das Kaufgeld wieder herausgeben.

---

107. a) Diener des bacteriologischen Instituts verkaufen widerrechtlich Reinkulturen des Pestbacillus an Studenten.

b) Was sie verkaufen, sind Abgänge solcher Kulturen, welche der Experimentirende nicht mehr braucht, die aber immer noch sehr gefährlich sind.

---

108. a) Ein entlassener Apothekerlehrling rächt sich damit, daß er in verschiedene Medicamentbüchsen Strychnin mit einmischt. Die Sache wird noch rechtzeitig dadurch bekannt, daß der Lehrling, der einen vergeblichen Selbstvergiftungsversuch gemacht hat, beichtet, und die Medicamentbüchsen werden sämmtlich von der Polizei beschlagnahmt. Befragt, kann er die Büchsen, in die er Strychnin geworfen, nicht genau bezeichnen.

b) Der Geistliche macht keine Anzeige, und es ergibt sich ein Todesfall.

---

109. a) Die von der Notenbank auszugebenden Noten sind zwar in dem rechtsbestimmenden Theil vollständig gefertigt, sie sind aber noch nicht so weit ausgeführt, daß sie bankmäßig ausgegeben werden sollen: es fehlt insbesondere noch die letzte Controle. Ein Beamter nimmt einige dieser Noten weg, um seine Schulden damit zu bezahlen.

b) Die letzte Revision hat stattgefunden, einige Noten sind als fehlerhaft der Vernichtung bestimmt. Ein Beamter nimmt sie heimlich weg, indem er etwas Anderes unterschiebt, das an ihrer Stelle vernichtet wird; er eignet sie sich an und schenkt sie seiner Geliebten.

c) Die Noten sind noch nicht soweit fertiggestellt, daß aus ihnen die Bank in Anspruch genommen werden könnte. Ein Beamter nimmt sie in diesem Zustande an sich, um sie unter das Publikum zu bringen.

---

110. a) A. steht mit der Bank B. in Berlin im Conto=currentverhältniß. Der letzte Saldo hat mit 1000 Mk. zu seinen Ungunsten abgeschlossen. Er bringt diesen Betrag in Noten der Braunschweiger Bank; der Betrag wird ihm gut=geschrieben.

b) B., der in Berlin wohnt, hat verschiedene Banknoten, die dem A. gehören, in Verwahr, darunter auch eine der Braunschweiger Bank. A. wird ihm eine Summe schuldig und ermächtigt ihn, eine der Noten an Zahlung zu nehmen, am liebsten die Braunschweiger.

---

111. a) In einem Regierungskollegium hat ein Refe=rent (A.) eine Persönlichkeit (B.) schlimm charakterisirt und seine Erklärung schriftlich zu den Akten gegeben. Später be=kommt er den B. als Kollegen, und da er fürchtet, daß dieser einmal Einblick in die Akten gewinnen werde, ändert er das Scriptum, das er zu den Akten gegeben, indem er ein Blatt herausnimmt und mit einem neuen vertauscht, auch im Uebrigen Zusätze und Streichungen macht.

b) Es handelt sich nicht um eine bloß zu den Akten gegebene Erklärung, sondern um einen von A. als dem Vor=sitzenden verfaßten Bericht an das Ministerium, der sich in den Akten des Kollegiums im Konzept findet und den A. auf solche Weise mehrere Jahre, nachdem er längst dem Ministerium zugesandt ist, im Konzept ändert.

---

112. a) A. erhält einen öffentlichen Stempel ausge=händigt, um die Exemplare einer Urkunde s damit zu bezeichnen.

Der Stempel gibt die Berechtigung, die Exemplare öffentlich anzuschlagen. Er stempelt damit auch die Urkunde g und h.

b) Wie, wenn er den Stempel entwendet und ihn zur Bezeichnung der Urkunden gebraucht?

---

113. a) A. fährt häufig auf der Berliner Stadtbahn. Da die Fahrkarten vor dem Betreten des Bahnsteiges cupirt werden, so findet eine Controle über die Benutzung der richtigen (II. oder III.) Wagenklasse nur ausnahmsweise statt. Um nun II. Klasse fahren zu können und bei einer etwaigen Controle gewaffnet zu sein, kauft er sich einmal neben dem gewöhnlichen Billet III. Klasse ein solches II. Klasse und führt das letztere stets neben dem richtigen, jeweils gelösten und cupirten Billet bei sich. Nur findet er auf diese Weise keine Gelegenheit, die Karte II. Klasse durchlochen zu lassen, und er durchlocht sie selbst. Das ganze Manöver ergibt sich bei einer Controle der Wagenklasse, wo A. die Karte II. Klasse vorweist.

b) Er kommt nicht in die Lage, die Karte II. Klasse vorzuzeigen. Das Manöver kommt aber an den Tag, weil A. die Sache einem vermeintlichen Freunde erzählt.

c) Es gelingt dem A. im Gedränge, auch das Billet II. Klasse cupiren zu lassen.

d) A. ist ohne Billet in den Zug eingestiegen. Unterwegs verabredet er sich mit B., und sie beschließen folgenden Kunstgriff: B. steigt aus, löst sich zwei Bahnsteigkarten, läßt die eine für sich cupiren, betritt den Bahnsteig und übergibt die andere Bahnsteigkarte dem A., der sie selbst durchlocht und beim Verlassen des Bahnsteigs abgibt.

---

114. a) A. fertigt im Auftrag des B. eine falsche Urkunde und bekommt dafür 100 Mk.

b) A. benutzt eine falsche Urkunde, um den Zeugen X. zu veranlassen, im Prozeß zu seinen Gunsten auszusagen; er ist von seinem Rechte überzeugt, glaubt aber durch eine solche Zeugenaussage besser zum Ziele zu gelangen.

---

115. a) Die A. zieht bei B. zu Miethe ein. Um ihre Zahlungspromptheit zu bekunden, weist sie dem B. falsche Miethquittungen vor, die darthun sollen, daß sie ihre Mieth= zinsen stets regelmäßig bezahlt habe.

b) A. legt derartige falsche Urkunden vor, um sich bei der Polizei für eine Radlerkarte zu legitimiren.

---

116. a) Die A. behauptet, der verstorbene B. sei ein dunkler Ehrenmann gewesen; zum Beweis legt sie eine von ihr selbst gefertigte falsche Urkunde vor mit der Erklärung, daß B. die Fälschung begangen habe. B. hat keine Hinter= bliebenen, die den Strafantrag wegen Verunglimpfung des Verstorbenen stellen könnten.

b) Die A. behauptet, der noch lebende B. habe Urkunden gefälscht und legt anderen Personen zum Beweis dessen eine Urkunde vor, die sie selbst gefälscht hat. B. stellt keinen Strafantrag.

---

117. a) A. verfaßt eine Urkunde des Inhalts, daß B. den Empfang von 1000 Mk. für geleistete Dienste quittirte. Die Urkunde lautet zu Gunsten eines fremden Kriegs= ministeriums. A. fertigt die Urkunde, durchkreuzt sie mehr= fach und reißt sie ein, theilt sie aber der Behörde des B. mit, um ihn in den Verdacht des Landesverrathes zu bringen.

b) A., der den B. erschrecken will, schreibt ihm einen anonymen Brief, wonach sein Vater gestorben sei, und läßt diesen Brief am Wohnorte des Vaters zur Post geben, um den Schein zu erwecken, daß er von dort herrühre.

---

118. a) A. ist zu einer 3 monatlichen Gefängnißstrafe verurtheilt. Der bei ihm wohnende Bruder stirbt, und da beide am Orte fremd sind, so zeigt er der Behörde an, er sei gestorben, indem er sich für seinen Bruder ausgibt, und assistirt auf solche Weise seiner eigenen Beerdigung. In kurzer Zeit kommt die Sache zu Tage.

b) Er hat auf Grund dieser Täuschung auch ein seinem Bruder hinterlassenes Vermächtniß, das einige Zeit darauf fällig wird, sowie die Pension seines Bruders bezogen.

———

119. a) Der Gerichtsvollzieher (Postbote) soll eine Zustellung machen; nur das Dienstmädchen A. ist zu Hause und bei ihr die Freundin B. Da sich das Dienstmädchen A. eben ankleidet, so öffnet die Freundin B.; sie erklärt dem Gerichtsvollzieher, sie sei das Dienstmädchen A.; der Gerichtsvollzieher fertigt hiernach die Urkunde und gibt Schriftstück und Abschrift der Zustellungsurkunde der B., welche das Ganze in die Tasche steckt und der A. sagt, sie habe eben einen ungestümen Bettler abgewiesen.

b) Wie, wenn sie das Schriftstück nicht zu sich gesteckt, sondern der A. übergeben hat?

———

120. a) Die in der Voruntersuchung unbeeidigt vernommene Zeugin gibt ein falsches Alter an.

b) Dasselbe geschieht in einer Zeugenbeurkundung zum Heirathsregister.

c) Die Zuhälterin des A. gibt sich in Fällen wie a und b als seine Frau aus.

———

121. a) A. declarirt eine in das Ausland gehende Sendung falsch, so daß ein unrichtiger Inhalt in die zum Zweck der Statistik aufgestellte Tabelle eingetragen wird.

b) A. gibt sich im Fremdenbuch des Hotels einen falschen Namen, so daß dieser falsche Name in das polizeiliche Verzeichniß aufgenommen wird.

———

122. a) In einer Arrestsache soll A. Bescheinigung dafür bringen, daß sein Schuldner im Begriffe sei, in das Ausland zu ziehen. Er wendet sich darum an B., der ihm schriftlich bestätigt. welche Beobachtungen er in dieser Richtung gemacht habe. Daraufhin wird der Arrestbefehl erlassen. Es stellt sich heraus, daß die Mittheilung des B. aus der Luft gegriffen war.

b) A. stellt die Uhr in seiner Wirthschaft falsch, damit der Polizeibeamte, der hier zu erscheinen hat, eine falsche Notiz aufnehme, wodurch fälschlich ein Alibi bewiesen werden soll.

---

123. a) Der Vollstreckungsbeamte berichtet an das Amts= gericht, daß er bei X. und Y. nichts zu vollstrecken gefunden und darum auch von der Errichtung einer Vollstreckungs= urkunde Abstand genommen habe. Der Bericht ist falsch, da der Vollstreckungsbeamte bei X. und Y. gar nicht gewesen ist.

b) Ein deutscher Gesandter stellt das Gespräch, welches er mit dem Oberhaupte des fremden Staates hatte, dem auswärtigen Amte falsch dar, weil er mit der gegenwärtigen Politik nicht einverstanden ist und auf solche Weise eine Aenderung erhofft.

c) Der Arzt, der für eine Versicherungsgesellschaft eine Untersuchung gemacht hat, gibt das Resultat der Unter- suchung unrichtig an.

---

124. a) A. fälscht ein ärztliches Zeugniß und benutzt es

α) zum Betteln,

β) um eine Anstellung in einem Privatdienste zu erhalten,

γ) um im Fall einer Choleraquarantäne, entgegen der polizeilichen Absperrung, hindurch zu kommen.

b) A. fälscht ein thierärztliches Zeugniß, um zu einer Zeit, wo die Rinderpest herrscht, Rinder einzuführen.

c) Er fälscht ein Sachverständigengutachten und erlangt auf Grund dessen eine Bescheinigung, kraft deren er ein Bäumchen über die Grenze bringen darf.

---

125. a) A. hat eine Wechselschuld contrahirt. Bei Verfallzeit zahlt er die Hälfte; im Uebrigen kommen Gläubiger und Schuldner überein, daß der Wechsel nicht weiter geltend gemacht werden solle und an Stelle dessen der Schuldner unter Bürgschaft des X. den Rest in bestimmten Raten abzuzahlen habe, welche Bürgschaft X. übernimmt. Der Gläubiger verliert seine Brieftasche, in welcher der Wechsel steckt; A. findet sie, nimmt den Wechsel heraus und vernichtet ihn.

b) Würde es einen Unterschied machen, wenn X. die Bürgschaft noch nicht übernommen hätte?

---

126. a) Ein Komponist veröffentlicht Lieder mit dem Vermerk: „Aufführungsrecht vorbehalten." Ein Musikalienhändler löscht, um den Absatz zu erleichtern, den Vermerk und verkauft die so veränderten Exemplare, worauf verschiedene Personen in Konzerten die Lieder ohne Weiteres singen.

b) A. verkauft die Waare des B.; gegen dessen Willen löscht er vorher die auf der Waare stehenden Marken und Medaillenzeichen.

---

127. a) Ein Unteroffizier, der die Militärgarderobe zu beaufsichtigen hat, findet, daß ein Stück fehle; da er eine baldige Controle erwartet, ersetzt er das fehlende Stück durch ein anderes und versieht dieses mit dem Militärstempel. Nachträglich stellt sich das verlorene Stück heraus. Er nimmt in Folge dessen das Ersatzstück wieder weg, tilgt den Stempel und verkauft es.

b) Eine Behörde hat bisher einen Jahresfond von 200 Mk. für eine kleine Handbibliothek; die Bücher werden mit dem Stempel der Behörde versehen. Da man sicher auf die Anweisung der Summe zählt, so werden jeweils die Bücher im Voraus angeschafft, gestempelt und sodann nach Erhebung der Summe bezahlt. Unerwarteter Weise wird ein Jahr die Summe nicht angewiesen. Der dienstführende Beamte tilgt in Folge dessen die Stempel der neu angeschafften Bücher und nimmt sie auf seine Rechnung.

---

128. a) A. reist mit seinem Fahrrad nach R. und ver-
weilt dort mehrere Wochen; er soll dort zur Controle eine am
Rad angebrachte Nummer haben. Da es ihm aber zu um-
ständlich erscheint, die nöthigen Schritte bei der Polizei zu
machen, so läßt er sich eine beliebige Blechmarke mit einer
Ziffer vom Klempner fertigen und befestigt sie ans Rad. Er
wird wegen einer Polizeiübertretung aufgeschrieben, und die
Sache kommt, nachdem zuerst der Träger der wahren Nummer
vorgefordert war und sein Alibi nachgewiesen hatte, an den
Tag. Es wird dabei vorausgesetzt, daß die Polizeibehörde die
Blechmarken selbst liefert.

b) Dasselbe; aber die Polizeibehörde liefert die Blechmarken nicht, sondern gibt nur die Nummer an und überläßt es dem Empfänger, die Marke hiernach fertigen zu lassen.

---

129. a) Der Zeuge A. ist im Strafverfahren eidlich zu
vernehmen. Der Beklagte stellt ihm die Denunciation wegen
verschiedener Disciplinwidrigkeiten in Aussicht, falls er mit
der Sprache herausrücke. Es zeigt sich indeß, daß der Angeklagte die Zeugen verwechselt hat, indem er den Zeugen
B. statt des A. meinte.

b) Der Angeklagte hat die Zeugen nicht verwechselt, er
irrt aber in der Art, daß er den A. für einen Belastungs-
zeugen hält, während er ein Entlastungszeuge und B. der
Belastungszeuge ist, auf dessen Aussage es ankommt.

c) Der Zeuge ist ein solcher, der wegen früheren Mein-
eides gar nicht eidlich vernommen werden darf.

---

130. a) Der Historiker A. veröffentlicht Aktenstücke aus
den Revolutionsjahren 1848 und 1849, woraus gewisse Maßnahmen eines deutschen Bundesstaates hervorgehen, welche eine
Verstimmung anderer Bundesstaaten zu erregen geeignet sind.

b) Er veröffentlicht einen in den 70er Jahren abge-
schlossenen geheimen Staatsvertrag, der formell noch weiter
besteht.

c) Die Zeitung B. veröffentlicht erdichtete Maßnahmen, welche der Staat in den 48er Jahren getroffen habe; sie thut es, um gegen die Staatsgewalt zu hetzen.

---

131. a) Der Spion A. weiß sich in die Festung X. einzuschleichen, skizzirt sich ihren Plan und stellt die Einzelheiten möglichst genau schriftlich fest. Bevor er das Ergebniß abschickt, verfeindet er sich mit der Regierung, für die er handelt, und vernichtet seine schriftlichen Darstellungen.

b) Er wird entdeckt, bevor er das Ergebniß absendet. Dabei stellt sich heraus, daß er nicht im Auftrag der fremden Regierung, sondern auf eigene Faust gehandelt hat.

c) Macht es einen Unterschied, wenn er im Auftrag der fremden Regierung gehandelt hat?

d) Wie, wenn er seine schriftlichen Feststellungen bereits durch einen Boten abgesandt hat, dieser aber noch rechtzeitig festgehalten wird?

---

132. a) A. gibt dem bei ihm speisenden Reichstagsabgeordneten absichtlich stark gespriteten Wein, so daß er unfähig wird, zu der am Abend anberaumten Kommissionssitzung zu kommen.

b) A. thut dasselbe gegenüber einem Geistlichen, so daß dieser nicht in der Lage ist,

α) den Nachmittagsgottesdienst abzuhalten,

β) zur Beerdigung des X. zu kommen,

γ) dem Y. die Sterbesacramente zu bringen.

c) A. benutzt in den Fällen a und b ein betäubendes Opiat.

---

133. a) A. verspricht gegen Zahlung von 10 Mk., für einen Candidaten bei der Reichstagswahl zu stimmen, stimmt aber anders; er hatte von jeher vor, anders zu stimmen und hat nur um des Geldes willen eine falsche Absicht vorgespiegelt.

b) Der gleiche Fall; er bekommt das Geld aber erst, nachdem er gestimmt und fälschlich auf Ehrenwort erklärt hat, daß er dem Candidaten seine Stimme gegeben habe.

c) Der gleiche Fall; er bekommt aber das Geld schon, nachdem er seinen Stimmzettel vorgewiesen hat, weiß aber im letzten Moment den Stimmzettel gegen einen andern zu vertauschen.

---

134. a) A. hat sich für die Reichstagswahl seinen Wahlzettel zusammengefaltet und zurechtgerichtet; B., der darauf vertraut, daß A. den Zettel nicht mehr ansehen wird, schiebt ihm einen auf den Gegenkandidaten lautenden Zettel unter.

b) A., der im ersten Wahlbezirke wahlberechtigt ist, wählt, da hier sein Candidat als gesichert erscheint, nicht im ersten, sondern im zweiten Wahlbezirk, indem er für einen dort wohnenden gleichnamigen Wahlberechtigten seine Stimme abgibt, darauf vertrauend, daß dieser Letztere nicht erscheinen werde. Der Letztere erscheint, und die Täuschung wird constatirt.

---

135. a) Bei einer Festlichkeit gebietet ein Schutzmann dem Publikum, auf den Bürgersteig zurückzutreten. Einer aus der Menge ruft: Die Polizei hat uns nichts zu sagen, vorwärts! Viel Volk bricht über die abgesteckte Grenze.

b) Wie, wenn die Polizeibehörde einen Erlaß bekannt gemacht hätte, daß bei der betreffenden Feierlichkeit eine Straße gesperrt werde, und eine Zeitung das Publikum auffordert, diesem Erlasse sich nicht zu fügen, da er ungültig sei?

c) Wie, wenn der Auffordernde wirklich vermeint, daß der Erlaß rechtsungültig sei?

---

136. a) Während nach Ermordung des A. die Kriminalpolizei eine eifrige, aber erfolglose Thätigkeit entfaltet, behauptet eine Zeitung, daß der Beamte X., dem die Sache hauptsächlich obliege, aus Bequemlichkeit 14 Tage lang keine Schritte gethan habe. Die Behauptung ist wider besseres Wissen gemacht. Ein Strafantrag ist nicht gestellt worden.

b) Eine Zeitung behauptet, der Vorstand einer Post=
behörde habe einzelne Beamten aus Parteisucht entlassen. Die
Behauptung ist erfunden, um die Behörde verächtlich zu
machen. Ein Strafantrag ist nicht gestellt.

---

137. **a)** Bei Legung eines unterseeischen Kabels sind
Fischerboote hinderlich, welche mit ihren Netzen nicht zurück-
weichen wollen. Es erhebt sich ein Streit; sie bedrohen den
Befehlshaber des Kabelschiffes, wenn er ihre Netze nicht
respectire.

b) Sie thun es, während das Schiff beschäftigt ist, die
schadhafte Stelle eines Kabels zu suchen.

c) Fischerboote sind dem Kabelschiff zu nahe gekommen,
obgleich sie davor gewarnt worden sind. Auf Befehl, sich
zurückzuziehen, erklären sie, daß die Netze sich so verwirrt
hätten, daß sie nicht ohne großen Schaden, ja nicht ohne
Selbstgefährdung weichen könnten.

---

138. **a)** A. macht eine Anzeige gegen einen Beamten
und erklärt, daß, wenn nicht eingeschritten würde, der Fall
im Reichstag zur Verhandlung komme.

b) A. erhebt Berufung gegen ein Urtheil und stellt,
wenn sein Urtheil nicht abgeändert wird, dasselbe in Aussicht.

c) In beiden Fällen erklärt A., daß er nicht nur die
betreffende Amtsthätigkeit, sondern auch noch sonstige „Ver-
stöße und Ungerechtigkeiten“ im Reichstage zur Sprache
bringen wolle.

---

139. **a)** Der Staatsanwalt A., dessen Sohn einen
Diebstahl begangen hat, unterläßt es, hierwegen die nöthigen
Schritte zu thun.

b) Er hat einem Freunde das Entkommen erleichtert und
unterläßt es, gegen sich selbst wegen Begünstigung und wegen
Unterlassung der Verfolgung einzuschreiten.

---

140. a) Man ist einem Postbeamten auf der Spur, daß er unbestellbare Briefe eröffne und den Inhalt behalte. Um ihn auf die Probe zu setzen, schreibt man einen Brief an eine fingirte Adresse und legt eine Briefmarke hinein. Der Postbeamte eröffnet den Brief; da ihm aber die Marke zu geringfügig ist, so legt er sie dem dienstthuenden Beamten in die Markenmappe. Er wird entdeckt, behauptet aber, daß ein Vergehen nicht vorliege: der zu diesem Zweck in den Schalter geworfene Brief an eine fiktive Adresse sei nur ein simulirter Brief gewesen, der den Rechtsschutz eines ernstlichen Briefes nicht finden könne.

b) Zwei Liebende schreiben sich unter der Chiffre A. B. Der Postbeamte läßt einen solchen Brief durch eine Zwischenperson, der er die Chiffre verräth, abfordern, und übergibt ihr den Brief.

141. a) Der Offizier A. will sich Urlaub verschaffen. Um hierfür eine plausible Bescheinigung zu haben, wendet er sich an den Telegraphisten B. und veranlaßt ihn, ein Ankunftstelegramm zu fertigen, als ob dem Offizier telegraphirt worden wäre, daß seine Frau schwer erkrankt sei. Das Telegramm ist ohne Unterschrift.

b) Ein Telegramm der Militärverwaltung bestimmt, daß eine Anzahl Militärwagen eingestellt werden soll. A., welcher unter allen Umständen seine Tranportwagen einschieben möchte, veranlaßt den Telegraphisten des Telegrammankunftsortes, die Einstellung seiner Transportwagen in das Telegramm mit aufzunehmen.

142. a) Der Angeklagte B. legt zur Vertheidigung Briefe vor, die sein Privatkläger an ihn geschrieben hat und die seine inkriminirte Aussage bewahrheiten sollen. Der Privatkläger veröffentlicht die Briefe, um dem Publikum zu beweisen, daß sie unverfänglich seien.

b) Der Angeklagte B. legt eine Reihe Auszüge aus medicinischen Werken vor, die ihn rechtfertigen sollen; zugleich gibt er seine Excerpte einer Zeitung, welche sie veröffentlicht.

c) In einer Strafsache erhebt der Untersuchungsrichter die Akten eines andern bereits erledigten Strafprozesses. Kurz darauf erscheinen Auszüge aus. denselben in der Zeitung.

d) A., der eine Buße begehrt, legt ein ärztliches Zeugniß, welches zur Würdigung des ihm zugefügten Schadens erheblich sein soll, vor, um damit die Höhe seines Bußeanspruchs zu bestätigen. Das Zeugniß erscheint in den Blättern.

---

143. a) A. hat beim Staatsanwalt eine Denunciation eingereicht; gleichzeitig sendet er sie an die Zeitung X. Der Zeitungsredakteur erkundigt sich erst und veröffentlicht den Artikel nach 8 Tagen. Unterdessen hat der Staatsanwalt gleichfalls Erkundigungen eingezogen, schreibt aber 14 Tage nach Empfang der Denunciation, daß er nicht in der Lage sei, die öffentliche Klage zu erheben.

b) Derselbe Fall. Der Staatsanwalt hat aber nach 14 Tagen die öffentliche Klage durch Antrag auf Voruntersuchung erhoben; diese führt nach 6 Wochen zur Einstellung.

c) Gegen A. ergeht eine Polizeistrafverfügung. Er veröffentlicht sie und stellt zu gleicher Zeit den Antrag auf gerichtliche Entscheidung.

---

144. a) Die Polizeibehörde, welcher ein Schauspiel vor der Aufführung unterbreitet wird, gestattet die Aufführung nur unter Weglassung bestimmter Aeußerungen. Auf Beschwerde wird diese Beschränkung vom vorgesetzten Ministerium aufgehoben. Bevor aber diese neuliche Entscheidung ergeht, findet die Aufführung statt; im Vertrauen auf die Wirksamkeit der Beschwerde, läßt die Regie die beanstandeten Worte sprechen.

b) Der Schauspieler A. bringt beim Hervorrufe eine Reihe von Couplets, welche der Censurbehörde nicht angezeigt worden sind.

145. a) Eine alle 2 Wochen erscheinende kritische Zeit-schrift beschuldigt einen Schriftsteller der Unwahrheit und er-klärt sein Werk als unbrauchbar. Der Verfasser sendet eine Berichtigung nach Maßgabe des Preßgesetzes. Sie wird auf-genommen. Darauf bringt der Recensent wieder eine Be-richtigung, und darauf der Autor eine neue.

Inwiefern hat die Zeitung dies Alles aufzunehmen?

b) Der recensirte Autor beschuldigt in seiner Erwiderung den Recensenten der Unwahrheit.

c) Die Erwiderung schließt mit den Worten: Ich bitte die Redaktion, das oben Stehende nach Maßgabe des Preß-gesetzes aufzunehmen; worauf erst die Unterschrift folgt.

---

146. a) Während eine Zeitung mit Beschlag belegt ist, gibt sie der Zeitungskellner eines Hotels gegen ein Trink-geld den Gästen zu lesen.

b) A. bringt sie nach Hause und zeigt sie den Haus-genossen.

c) A. zeigt sie seinen Tischgenossen beim Diner als be-sondere Merkwürdigkeit.

---

147. a) A. errichtet um sein Grundstück eine steinerne Mauer; sie wird vom Nachbarn B. eingerissen. Dieser be-ruft sich darauf, daß sie nach dem Festungsrayongesetz doch entfernt werden müsse.

b) Er macht geltend, daß er sie auch nach den gegen-seitigen Nachbarverhältnissen nicht zu dulden brauche.
